AF337144

RÉPUBLIQUE FRANÇAISE

MINISTÈRE DE LA GUERRE

APPENDICE IV

AUX RÈGLEMENTS SUR LES

TRANSPORTS MILITAIRES

PAR CHEMIN DE FER

(29 Janvier 1903)

PARIS

HENRI CHARLES-LAVAUZELLE

Éditeur militaire

10, Rue Danton, Boulevard Saint-Germain, 118

(MÊME MAISON A LIMOGES)

RÉPUBLIQUE FRANÇAISE

MINISTÈRE DE LA GUERRE.

APPENDICE IV

AUX RÈGLEMENTS

sur les Transports militaires par Chemin de fer.

Paris, le 29 janvier 1903.

APPENDICE IV.

Règles militaires relatives à l'exécution du transport des troupes du génie.

1. — *Envoi à l'avance d'un officier à la gare de départ.*

En toute circonstance et quelle que soit la troupe à embarquer, le chef de corps envoie à la gare, la veille du départ (1), un officier pour donner au commissaire militaire de gare (2) ou, à son défaut, au chef de gare, l'effectif exact de l'élément ou des éléments à embarquer et pour recevoir communication :

---

(1) Autant que possible vingt-quatre heures au moins avant le départ.
(2) Le commissaire militaire est commandant d'armes dans sa gare. Il est l'intermédiaire obligé entre les autorités militaires de passage ou en service dans la gare et le personnel des chemins de fer. Il est spécialement chargé de faire respecter les consignes militaires et techniques intéressant la gare ; les commandants de troupes et chefs de service, quel que soit leur grade, doivent lui prêter leur concours pour en assurer l'exécution. (Appendice VII, art. 10.)

1° Du point d'embarquement prévu (quai ou chantier) ;
2° De l'heure à partir de laquelle la reconnaissance du train
pourra être faite ;
3° De l'heure à laquelle l'embarquement commencera ;
4° De l'heure à laquelle l'embarquement devra être terminé (1);
5° Des consignes locales.

Cet officier reconnaît en outre les abords du ou des points
d'embarquement ainsi que l'endroit, situé en dehors de la
gare, où chacun des éléments pourra s'arrêter pour faire les
préparatifs d'embarquement.

2. — *Ordres à donner par le commandant de la troupe à embarquer.*

D'après le rapport de l'officier envoyé la veille à la gare,
le commandant de la troupe à embarquer donne des ordres
pour la mise en marche de la troupe, en se conformant à celles
des prescriptions du décret (2) sur le service intérieur des
troupes d'infanterie, applicable aux troupes du génie, qui ne
se trouvent pas en opposition avec celles du présent règlement.

Ces ordres concernent spécialement :

1° Les mesures à prendre pour assurer la subsistance de la
troupe au moyen de repas froids, en tenant compte de la durée
du transport et des vivres de chemin de fer qui seront distribués avant le départ ;
2° La tenue pour la route, s'il n'y a pas lieu de prendre
celle indiquée à la règle 6 ci-après ;
3° La composition d'une garde de police spéciale placée sous
le commandement d'un sous-officier ;
4° Le nombre d'équipes nécessaires pour l'embarquement
des voitures ;
5° Le transport à la gare des accessoires d'embarquement
dont le corps est détenteur (bottillons, plateaux en bois blanc,
etc.), et du fourrage pour la route, préalablement botté, s'il
y a lieu (3).

---

(1) Cette heure diffère de celle indiquée pour le départ du train,
quand des manœuvres de gare sont nécessaires pour reformer le train
après l'embarquement.
(2) Décret du 20 octobre 1892, titre III : routes dans l'intérieur.
(3) Lorsque, exceptionnellement, la troupe est accompagnée de ba-

3. — *Paille pour la litière et pour le chargement du matériel* (1).

Le corps doit se pourvoir à l'avance de la paille nécessaire :

1° Pour garnir de litière chaque vagon à chevaux, à raison de 2 kil. 500 par cheval ;

2° Pour faire des bottillons, à raison de 2 par truc, destinés à amortir le choc des roues sur le plancher. (Ces bottillons, de forme cylindrique, doivent être faits à l'avance par le corps; ils ont 0^m,80 de long et 1^m,25 de tour; ils sont reliés par trois liens; on compte 7 kil. 500 de paille pour un bottillon.)

La paille pour la litière et pour les bottillons est fournie, en sus de la ration des chevaux, par les magasins militaires.

Le transport à la gare est assuré par la troupe qui doit en faire usage et, en général, à l'aide d'une voiture de corvée mise toute attelée à sa disposition par le corps.

4. — *Nourriture des chevaux et transport des fourrages à la gare. — Avoine de débarquement.*

Le dernier repas des chevaux doit avoir lieu deux heures au moins avant l'embarquement.

---

gages non chargés sur les voitures régimentaires, leur transport à la gare de départ, leur transbordement d'une gare à une autre, s'il y a lieu, et leur enlèvement à l'arrivée sont effectués sur bon du sous-intendant, à défaut de voitures appartenant à l'administration militaire locale. A Paris, ce service est assuré soit par le train des équipages, soit par l'entreprise civile, qui le remplace au besoin.

S'il arrive que, faute de temps, ces dispositions ne puissent être observées, afin d'éviter que la troupe ne parte par la voie ferrée sans ses bagages, le transport desdits bagages du quartier a la gare et d'une gare à une autre peut être effectué par l'entreprise du camionnage des chemins de fer, sur bon signé du chef de détachement qui indique la nature et le poids des bagages.

La dépense accidentelle de ce transport est comprise dans les factures de transport de troupes, établies par les compagnies de chemins de fer.

L'embarquement et le débarquement de ces bagages sont effectués par les agents du chemin de fer, aidés, s'il est nécessaire, d'hommes de corvée fournis par le corps.

Le chef de la troupe prend des mesures pour que ces bagages et les hommes de corvée soient rendus à la gare, en temps utile, pour assurer l'embarquement. Il prend de même à l'arrivée les dispositions nécessaires pour que ces bagages l'accompagnent ou le rejoignent.

(1) Pour les exercices d'embarquement du temps de paix, se reporter à l'appendice X, en ce qui concerne les allocations de paille.

La nourriture des chevaux pendant la route se compose,. par vingt-quatre heures, de 5 kilogr. de foin et 2 kilogr. d'avoine (1).

Il est emporté de l'avoine et du foin dits de chemin de fer en quantité proportionnée à la durée du trajet ; le foin est préalablement bottelé, s'il y a lieu, et l'avoine placée dans des sacs à avoine de sapeur-conducteur.

Ce foin et cette avoine sont transportés à la gare dans une ou plusieurs voitures de corvée attelées et fournies par le corps.

Lorsque le corps ne peut en assurer lui-même le transport,. ils sont amenés à la gare :

1° En temps de paix, par les moyens dont dispose l'administration militaire ;

2° En temps de guerre, par des voitures réquisitionnées.

Les sacs d'avoine sont conservés dans les vagons à chevaux, ainsi que le foin, à raison de quatre bottes par vagon. Le reste du foin est placé sur un des trucs portant une fourragère ou les voitures du train régimentaire.

L'avoine de débarquement est placée dans des sacs spéciaux fournis par l'administration et chargée sur les voitures de l'unité.

5. — *Accessoires pour l'embarquement et le débarquement du matériel et des chevaux* (Pl. XVII).

Indépendamment des objets accessoires pour l'embarquement et le débarquement du matériel, qui sont fournis par les compagnies de chemins de fer (voir ci-après la règle 12), les unités doivent être pourvues des accessoires suivants :

1° Bottillons énumérés à la règle 3 (2) ;

2° Plateaux en bois blanc de 50 centimètres de longueur, 30 centimètres de largeur et 6 centimètres d'épaisseur; ils sont destinés, pendant les opérations d'embarquement et de débar-

---

(1) En temps de paix, si dans la même journée le trajet en chemin de fer est précédé ou suivi de parcours par voie de terre d'une longueur totale de 12 kilomètres au moins, la ration de route est allouée à l'exclusion de celle dite de chemin de fer.

En temps de guerre, l'alimentation est assurée le jour de l'arrivée au moyen de l'avoine de débarquement.

(2) Quand l'unité à embarquer comprend des voitures très lourdes, on peut adjoindre, aux bottillons, des fascines qui se déforment moins facilement sous les fortes charges.

quement, à faciliter le franchissement des traverses saillantes des trucs par les roues des voitures; pendant le transport, ils sont placés sur les roues des voitures, dont le poids ferait fléchir le plancher du truc. Il est approvisionné 20 plateaux pour chaque compagnie divisionnaire du génie avec son parc, 60 pour les parcs des sections d'aérostiers et 40 pour les autres unités de transport (composant le chargement d'un train) ;

3° Jarretières, en nombre variable suivant les unités à transporter, pour brêler les voitures entre elles (1) ;

4° Leviers de manœuvre de siège (environ 2 par 10 voitures et fraction de 10 voitures) pour faciliter le maniement du matériel ;

5° Grandes cales de roues à section triangulaire, en nombre égal à la moitié environ de celui des voitures; elles sont destinées à maintenir les roues des voitures sur les plans inclinés et à faciliter au besoin leur passage par-dessus les traverses saillantes des trucs ;

6° Manches de cales de 0^m,80 de longueur en même nombre que les cales ;

7° Cordes-poitrail, à raison de 1 par 4 chevaux ;

8° Pitons à œil pour l'attache des fusils ou mousquetons dans les vagons (1 par 4 fusils ou mousqueton) et vrilles pour faciliter la pose des pitons (1 par 20 fusils ou mousquetons).

Ces accessoires sont transportés à la gare d'embarquement dans les conditions indiquées à la règle 3 pour la paille. Les pitons et les vrilles sont portés par les sous-officiers ou les caporaux.

6. — *Tenue et paquetage.* — *Vivres de chemin de fer et de débarquement.*

Tenue et paquetage. — En principe, les officiers et la troupe sont en tenue de campagne. On se conforme toutefois aux prescriptions suivantes :

a) *Sapeurs à pied* (2). — La gamelle individuelle est placée sur le havresac, de manière qu'on puisse l'enlever facilement. Le quart et la cuiller sont placés dans l'étui-musette ;

---

(1) Les commandes, longes, demi-longes qu'on trouve dans les voitures des parcs et équipages peuvent, au besoin, être utilisées comme jarretières.

(2) Par sapeurs à pied, on entend les sapeurs des diverses formations du génie qui ne sont pas habillés en hommes montés.

b) *Sapeurs-conducteurs habillés en hommes montés.* — Ceux-ci portent en sautoir le manteau (1) et l'étui-musette contenant la gamelle et la cuiller.

Chaque sapeur monté est pourvu d'une étiquette en toile portant son nom et son numéro matricule. Cette étiquette, qui doit servir à faire retrouver par l'homme sa selle, est placée sur cette dernière de telle sorte que le nom soit lu facilement. Des étiquettes analogues sont confectionnées pour les bâts de mulet.

c) *Paquetage des chevaux.* — 1° La musette-mangeoire de chaque cheval de selle, ou des chevaux du même attelage, est fixée au troussequin de la selle ;

2° Le surfaix de couverture, roulé en anneau et maintenu par un nœud fait avec le contre-sanglon, est suspendu à la courroie trousse-étriers de gauche ;

3° Dans le paquetage des sous-verges à la Daumont, le bissac est placé sur la sellette, la sangle fixe par-dessus les courroies de charge et en arrière des crampons postérieurs de la sellette, la sangle libre par-dessus les courroies de charge et serrée par ces courroies ;

4° Dans les attelages conduits en guides, les musettes-mangeoires vides sont portées extérieurement sur le panneau de porteur, maintenues par les courroies du milieu de paquetage de devant. Pour les chevaux attelés seuls, la musette-mangeoire est placée sur la sellette, maintenue par la courroie de dossière.

Vivres de chemin de fer et de débarquement. — Les vivres de chemin de fer (repas froids préparés au compte de l'ordinaire, pain et viande de conserve) sont distribués aux hommes et placés par eux de la manière suivante au départ de la garnison :

Les repas froids dans la gamelle individuelle, le pain et la viande de conserve dans l'étui-musette.

Si le voyage doit durer plusieurs jours, une partie de ces vivres peut être conservée dans une des voitures de l'unité.

Les vivres de débarquement sont transportés dans les voitures de l'unité où il y a de la place disponible. Si la place fait défaut, ils sont transportés jusqu'à la gare par des voitures de corvée ou par des voitures requises; il en est de même

___

(1) Pendant les chaleurs, le commandant de la troupe peut prescrire aux hommes de ne pas prendre sur eux les manteaux.

depuis la gare de débarquement jusqu'au cantonnement; pour le trajet en chemin de fer, on les place, s'il est nécessaire, dans l'un des fourgons de service du train.

7. — *Arrivée à la gare de l'officier chargé de la reconnaissance du train.*

Le jour du départ, un officier de chaque unité à embarquer est chargé de la reconnaissance du train.

Accompagné d'un sous-officier (sous-officier d'approvisionnement), il se rend à la gare deux heures au moins avant l'heure fixée pour le départ de la troupe du quartier.

Il se présente, à son arrivée, au commissaire militaire ou, à son défaut, au chef de gare, et s'assure que rien n'est modifié dans les heures auxquelles les hommes, chevaux et voitures doivent être rendus à la gare, ainsi que dans la répartition faite des quais ou chantiers affectés à l'embarquement. Il rend compte immédiatement au commandant de la troupe des modifications que les nécessités du service technique obligeraient à introduire dans les instructions reçues.

8. — *Reconnaissance du train.*

L'officier désigné dans la règle ci-dessus, aidé du sous-officier adjoint, procède à la reconnaissance du train.

Il prend note de la contenance de chaque vagon et de chaque truc et les numérote dans l'ordre où ils sont placés à partir de la tête du train; se basant sur les renseignements donnés règle 11, il établit un état indiquant, dans l'ordre des numéros, l'affectation de chaque vagon et de chaque truc.

Il fait remettre cet état le plus tôt possible au commandant de la troupe.

Il s'assure :

1° Que dans les vagons à marchandises aménagés pour 32 hommes équipés, les supports des bancs sont bien placés à $0^m,50$ des petits côtés des vagons (*Pl. V*) ;

2° Que dans les vagons aménagés pour 36 hommes équipés, les supports des bancs voisins des petits côtés du vagon sont bien placés à $0^m,50$ desdits petits côtés, ainsi que les extrémités des bancs intermédiaires et de la planche servant de dossier, et que les supports voisins du milieu du vagon sont bien placés à une distance telle des petits côtés qu'ils affleurent les extrémités des bancs appuyés au grand côté (*Pl.* VI) ;

3° Que dans les vagons aménagés pour 40 hommes équipés, les extrémités des bancs sont à 0^m,50 des petits côtés (*Pl.* VII);

4° Que les vagons aménagés destinés aux hommes et aux chevaux sont munis de lanternes, et que celles-ci sont accrochées du côté des vagons opposé à celui par lequel doit se faire l'embarquement.

Enfin il s'assure de l'existence et de l'état des accessoires pour l'embarquement qui doivent être fournis par les compagnies de chemins de fer (règle 12).

Dans le cas où ces accessoires ne sont pas au complet et bien placés, il en réfère au commissaire militaire de gare.

9. — *Devoirs du sous-officier adjoint à l'officier chargé de la reconnaissance du train.*

Le sous-officier adjoint numérote, au fur et à mesure, à la craie, chacun des vagons ou trucs, en suivant une série unique de numéros de la tête à la queue du train. Il inscrit en même temps, en regard des numéros d'ordre, la contenance de chaque vagon et de chaque truc et, pour ces derniers, la nature et le numéro des voitures qui en constituent le chargement.

Ces inscriptions se font :

1° Pour les vagons à voyageurs, sur le grand marchepied, entre les portières ;

2° Pour les vagons à marchandises aménagés, sur le grand côté, à la place réservée à cet effet ;

3° Pour les trucs, sur le grand côté.

En cas de pluie, ces inscriptions se font, en outre, sur la face extérieure du longeron qui se trouve sous le plancher du vagon.

10. — *Garde de police. — Drapeau. — Caisse du corps.*

La garde de police est composée en principe de : 1 sergent, 1 caporal, 1 clairon (ou à défaut un trompette), 8 sapeurs à pied.

Elle se rend à la gare en même temps que la troupe.

Dès son arrivée elle place, s'il y a lieu, les sentinelles nécessaires dans la gare d'après les indications du commissaire militaire.

La garde de police avec les hommes punis de cellule (1) est placée dans un vagon qui précède ou qui suit celui des officiers.

En cas de transport d'un régiment, le drapeau et la caisse du corps sont embarqués soit dans le vagon du commandant de la troupe, soit dans celui des officiers, sous la garde du porte-drapeau et du lieutenant adjoint au trésorier.

Le transport de la caisse s'effectue sans responsabilité pour les compagnies de chemins de fer, mais sans donner lieu à la perception d'aucune taxe au profit de ces dernières.

11. — *Contenance des vagons.*

Pour le transport des hommes :

Les sapeurs armés ou non, voyageant sans leur équipement, occupent dans les voitures à voyageurs le nombre de places indiqué dans chaque compartiment pour les voyageurs ordinaires.

Les sapeurs équipés n'occupent, dans chaque compartiment, que le nombre de places indiqué, diminué de deux, ces deux places étant destinées au rangement des effets (2).

Sont considérés comme équipés :

Les sapeurs à pied lorsqu'ils sont pourvus du havresac, ou, à défaut du havresac, du ceinturon garni des cartouchières ; les sapeurs-conducteurs habillés en hommes montés lorsqu'ils ont l'étui de revolver.

Dans les vagons à marchandises aménagés, le nombre d'hommes à embarquer est indiqué sur un cartouche placé sur chaque vagon. Lorsque cette indication comporte deux nombres, le 1er s'applique aux hommes équipés et le 2e aux hom-

---

(1) Art. 434 du décret du 20 octobre 1892, sur le service intérieur des troupes d'infanterie.

(2) Ces prescriptions s'appliquent également aux vagons à couloirs. Toutefois, lorsqu'il est possible de placer les havresacs dans les filets ou dans le couloir (par exemple dans les vagons possédant une portière en regard de chaque compartiment), le nombre de places à occuper est celui indiqué pour les voyageurs ordinaires.

mes non équipés. Lorsqu'il n'y a qu'un nombre il s'applique aux hommes équipés ou non.

Si, par exception, et en raison des circonstances, le total des places disponibles était inférieur à celui des hommes à transporter, l'excédent de ces derniers serait réparti entre les vagons, en sus de leur contenance réglementaire et, au besoin, dans les fourgons de service.

Pour le transport des chevaux :

Dans chaque vagon, on place 8 chevaux ou mulets.

A moins d'un ordre formel de l'autorité supérieure, les chevaux sont toujours dessellés pour voyager sur les voies ferrées. Les mulets sont toujours débâtés, mais conservent leurs harnais d'attelage (harnais modèle 1898).

Les chevaux d'attelage conservent leurs harnais.

Les selles sont rangées dans les vagons où se trouvent les animaux auxquels elles appartiennent ; il en est de même des bâts.

Pour le transport des voitures :

Les trucs ou vagons plats destinés au transport des voitures ont des dimensions et des formes très différentes; en outre les uns ont un plancher uni, les autres un plancher garni, dans le sens de la largeur, de traverses saillantes.

Le chargement d'un truc dépend des dimensions de ce dernier et aussi du genre des voitures qui doivent composer ce chargement.

En raison de la diversité de dimensions et de formes des voitures existant dans les parcs et équipages, on les a classées en trois catégories au point de vue de leur transport en chemin de fer :

1ʳᵉ catégorie. — Voitures à quatre roues à tournant limité, voitures à quatre roues chargées d'explosifs, voitures des équipages de pont, voitures à quatre roues des sections d'aérostiers, voitures de grandes dimensions des unités de télégraphie militaire :

Voitures à tournant limité.

- Prolonge ordinaire,
- — à couvercle,
- —. à ridelles surélevées,
- — fourragère,
- Forge de campagne des parcs du génie.

Voitures à quatre roues { Caisson à mélinite,
chargées d'explosifs. { Caisson à poudre.

Voitures des équipages de pont. { Haquet, Chariot de parc, Forges, Chariot à hautes ridelles, Chariot fourragère.

Voitures à quatre roues des sections d'aérostiers. { Voiture-treuil, — à hydrogène, — fourgon, — aux agrès, — tubes à hydrogène comprimé.

Voitures de grandes dimensions des unités de télégraphie. militaire. { Voiture-poste, voiture-bureau, voiture de matériel et d'archives, chariots comportant les divers chargements.

2ᵉ catégorie. — Voitures à quatre roues à tournant complet non comprises dans la 1ʳᵉ catégorie :

Voiture de sapeurs-mineurs,
Voitures de sapeurs montés,
Voiture légère des unités de télégraphie militaire,
Fourgon à bagages.

3ᵉ catégorie. — Voitures à deux roues :

Voiture légère d'explosifs,
Voiture de ravitaillement de télégraphie des parcs du génie de corps,
Voiture dérouleuse des unités de télégraphie militaire,
Voiture régimentaire.

En principe un truc ne doit pas recevoir plus de trois essieux, savoir : une voiture à quatre roues et une voiture à deux roues. Mais l'application de cette règle générale comporte les restrictions suivantes :

Chaque voiture de 1ʳᵉ catégorie exige un truc.

Pour placer ensemble deux voitures de la 2ᵉ catégorie, il faut un truc à *fond plat* de 6 mètres au moins de longueur sur 2ᵐ,83 de largeur.

Sur les trucs de 5ᵐ,46 au moins de longueur sur 2ᵐ,50 de largeur, on pourra placer une voiture de la 2ᵉ catégorie avec une de la 3ᵉ.

Sur les trucs ayant moins de 5^m,46 de longueur sur 2^m,50 de largeur, on ne pourra placer qu'une voiture des deux premières catégories ou deux de la 3e.

Toutefois, pour les voitures des équipages de ponts de la 1re catégorie, la longueur intérieure minimum devra être de 5^m,50 en raison de l'écartement (4 mètres) des deux trains des haquets et de la longueur du chargement.

Toutes les longueurs précédentes ne s'appliquent qu'aux trucs à fond plat; elles doivent en principe être majorées de 0^m,50 pour les trucs garnis de traverses saillantes.

On doit de préférence employer des trucs dont le plancher ne présente pas de traverses saillantes et dont les côtés se rabattent pour le transport des voitures des équipages de pont, et surtout pour celui des voitures techniques des sections d'aérostiers.

Les caisses de bât contenant de la mélinite, placées sur les civières des voitures de sapeurs-mineurs sont, pour le transport en chemin de fer, chargées sur la voiture légère d'explosifs.

Par mesure de sécurité, les trucs qui portent les voitures chargées d'explosifs : voiture légère d'explosifs, caisson à mélinite, caisson à poudre, doivent être, chaque fois que c'est possible, séparés de la machine, de la queue du train et des vagons d'hommes par trois vagons ne comportant pas un chargement d'explosifs ou de fourrage.

Les trucs portant les fourrages doivent être bâchés, autant que possible, et éloignés des deux extrémités du train, celui-ci pouvant être attelé en queue par la machine en cas de rebroussement.

Comme la composition d'un train ne doit pas en principe être modifiée, la répartition des voitures sur les trucs doit être déterminée en raison du nombre et du type des trucs compris dans le train.

12. — *Accessoires fournis par les compagnies de chemins de fer.*

Les accessoires nécessaires pour l'embarquement, qui doivent être fournis par les compagnies de chemins de fer, sont les suivants : escabeaux pour les hommes quand ils doivent voyager dans les vagons à marchandises qui ne sont pas munis de marchepieds ou d'étriers fixes, ponts-volants pour l'embarquement des chevaux et du matériel, rampes mobiles et poulies, cales en bois, clous et prolonges pour aider à assujettir le chargement.

Pour les parcs à hydrogène comprimé des sections d'aérostiers de campagne, les ponts volants (8 par parc) sont du modèle prévu pour l'embarquement du matériel de siège; il en est de même des rampes mobiles (2 par parc) dans le cas où leur emploi s'imposerait obligatoirement (*Pl.* XVIII *et* XIX).

13. — *Durée maxima d'embarquement. — Arrivée de la troupe à la gare.*

Les durées d'embarquement (1), qu'en *aucune circonstance* les unités du génie ne doivent dépasser, sont indiquées ci-après :

NATURE DE LA TROUPE.	DURÉE D'EMBARQUEMENT	
	A QUAI.	avec RAMPES MOBILES
Compagnie du génie et son parc............		
Section d'aérostiers de campagne et son parc.		
Parc de corps d'armée (y compris la compagnie de corps et son parc)...............	2 h. 00	2 h. 30
Équipage de pont de corps d'armée (par train à charger)...........................	2 h. 30	3 h. 00
Parc d'armée (par train à charger)..........	3 h. 00	3 h. 30

L'heure de l'arrivée de la troupe (hommes, chevaux et voitures) au point désigné pour l'embarquement est fixée en tenant compte de la durée maxima d'embarquement accordée à cette troupe, ainsi que du temps nécessaire aux manœuvres de gare avant le départ du train (2).

14. — *Formation de la troupe. — Dispositions préparatoires pour l'embarquement du matériel.*

La troupe est arrêtée, soit dans la gare, soit à proximité, et formée selon la disposition des lieux, de manière à éviter tout encombrement.

Le commandant de la troupe, d'après l'état établi par l'officier chargé de la reconnaissance du train, arrête définitive-

---

(1) Dans chaque durée maxima est compris le temps nécessaire pour le prolongeage et le calage des voitures.
(2) Voir : règle 1 du présent appendice.

ment le chargement de chaque truc et répartit les trucs entre les équipes chargées de l'embarquement du matériel (1).

Il détermine en conséquence dans quel ordre les voitures pénétreront dans la gare et devant quels trucs elles devront s'arrêter.

En principe, dans le but de gagner du temps, l'embarquement des voitures et celui des chevaux s'effectuent simultanément.

Les chevaux de devant et du milieu sont dételés et réunis sur le quai d'embarquement avec les chevaux de selle, les chevaux haut-le-pied et les mulets non chargés.

Les voitures sont amenées par les chevaux de derrière dans l'ordre indiqué par le commandant de la troupe et rangées sur le quai ou le chantier à hauteur des trucs qui doivent les recevoir. Les mulets chargés accompagnent les voitures.

Les chevaux de derrière sont dételés le plus tôt possible et conduits à leur place dans le rang, ainsi que les mulets dont on a déposé à terre le chargement.

Les accessoires nécessaires au chargement des voitures sont déposés à proximité des trucs.

Les équipes d'embarquement composées de sapeurs à pied sont réunies auprès des trucs; les hommes forment les faisceaux, déposent les sacs et l'équipement ainsi que les capotes ou vestes.

Le commandant de la troupe, s'il le juge utile, fait former les faisceaux aux hommes qui ne font pas partie des équipes d'embarquement et leur fait déposer leurs sacs.

---

(1) La répartition du personnel entre les différentes équipes qui doivent embarquer les chevaux et le matériel est préparée à l'avance.

Les sapeurs-conducteurs sont employés à l'embarquement des chevaux, ils ne peuvent l'être à celui du matériel, un garde d'écurie par vagon à chevaux excepté, que lorsque l'embarquement des chevaux est terminé..

Lorsque l'effectif en hommes de l'unité à embarquer est peu élevé par rapport au nombre des chevaux et voitures (parcs et équipages), des corvées peuvent être fournies pour aider à l'embarquement, soit par les autres fractions du corps, soit par d'autres corps de la garnison.

La composition d'une équipe, dans le cas du chargement à quai du matériel, peut être la suivante : 1 sous-officier, 1 caporal, 12 hommes et, dans le cas du chargement au moyen de rampes mobiles : 1 sous-officier, 1 caporal, 24 hommes, dont 2 au timon, 2 à l'avant-train, 4 aux roues d'arrière-train, 4 pour placer les bottillons, les ponts volants, etc., et pour manœuvrer les leviers, 2 aux cales à manche et 10 à la prolonge d'embarquement.

Lorsque les sapeurs-conducteurs concourent à l'embarquement du matériel, il y a intérêt à en comprendre deux dans chaque équipe de sapeurs à pied; on les applique au timon pour diriger le mouvement de la voiture.

15. — *Fractionnement et dispositions à prendre pour l'embarquement des chevaux et des mulets.*

Lorsque tous les chevaux et mulets sont réunis sur un rang, le lieutenant désigné pour surveiller leur embarquement les divise en fractions correspondant à la contenance des vagons, d'après l'état établi par l'officier chargé de la reconnaissance du train.

Les mulets sont compris dans un même chargement de vagon, quand c'est possible.

Chaque fraction est dénommée : 1er vagon, 2e vagon, etc., d'après sa position sur la ligne de bataille. Les diverses fractions sont réparties entre les maréchaux des logis et les brigadiers pour en diriger l'embarquement.

Le fractionnement terminé, le lieutenant fait mettre pied à terre et déposer assez loin en arrière de la croupe des chevaux les armes, les étuis-musettes et les manteaux portés en sautoir.

Les chevaux de selle et les porteurs sont dessellés, les ordonnances s'entr'aident pour desseller les chevaux de leurs officiers.

Les sangles, ainsi que le poitrail et la couverture (pour les chevaux de selle de troupe), sont relevés sur le siège de la selle et maintenus par le surfaix de couverture auquel on fait faire un tour ou deux dans le sens de la longueur de la selle, pour mieux serrer le tout ; les étriers sont relevés et attachés.

Pour les chevaux d'officiers, la longe-poitrail est fixée au licol et le tapis est relevé avec la couverture.

Les harnais sont laissés, avec la couverture, aux chevaux d'attelage ; ils sont relevés, ainsi qu'il est dit ci-après, de manière à ne pas blesser les chevaux et à éviter toute dégradation. Les selles sont déposées à terre en arrière du rang et ne sont chargées qu'après l'embarquement des chevaux.

Les bissacs des sous-verges, fixés sur les sellettes, sont déposés en arrière avec les selles avant de relever les harnais.

Les mulets sont débâtés et les bâts déposés à terre à hauteur des selles ; les harnais d'attelage modèle 1898 sont laissés aux mulets avec la couverture : le contre-sanglon de croupière est fixé à la boucle de dessus de cou, les traits en corde sont réunis sur la croupe et fixés à l'aide de la courroie trousse-traits, la couverture est maintenue au moyen de surfaix de couverture.

Les chevaux et les mulets restent bridés jusqu'à ce que le train soit en marche (règle 29).

Cas où les chevaux doivent voyager sellés.

Quand, par exception, l'ordre est donné de faire voyager les chevaux sellés, on dispose le paquetage de la manière suivante :

Remonter les étriers jusqu'à la mortaise sans rien déboucler, les maintenir dans cette position, en passant l'étrivière doublée dans leur semelle.

Les chevaux sont toujours sanglés. La croupière et le poitrail restent en place.

Dans ce cas particulier, on relève les traits des porteurs, comme il est prescrit ci-après pour les sous-verges.

Manière de relever les harnais.

Détacher le surfaix de couverture de la selle du porteur et fixer avec lui la couverture sur le dos du cheval.

Porteur de devant. — Déboucler le surdos du côté montoir, croiser les traits en cuir sur le dos du cheval près du garrot, en entourer le corps du cheval et croiser les rallonges de trait sur le dos par demi-nœud.

Envelopper les traits en cuir et les rallonges avec la partie libre du surdos, et terminer en la fixant au boucleteau du grand côté de sous-ventrière.

Porteur de derrière. — Dégager les traits des courroies porte-traits, les croiser sous le ventre du cheval près du passage des sangles ; envelopper le corps du cheval en faisant un demi-nœud près du garrot, accrocher les chaînes de bout de traits aux crochets têtes de trait.

Engager le grand côté de la rêne du sous-verge, après l'avoir complètement détaché, sous le bras du haut de l'avaloire du porteur, puis sous les traits près du garrot, envelopper ceux-ci d'un tour ou deux et fixer l'extrémité libre de la rêne du sous-verge à la boucle qui est à l'autre extrémité de cette rêne.

Sous-verge de devant. — Réunir sur la croupe du cheval les deux extrémités des traits en cuir, engager la courroie trousse-traits dans les deux mâles de touret qui terminent ces traits, et achever de replier et de fixer les rallonges de trait comme le prescrit le règlement.

Rouler la longe sur le petit côté de rêne pour l'empêcher de traîner à terre.

Sous-verge de derrière. — Dégager les traits des courroies porte-traits et les réunir comme il est indiqué pour le sous-verge de devant.

Rouler la longe comme il est dit précédemment.

Attelages en guide et chevaux de limonières. — Relever les traits, plates-longes et avaloires au moyen de la courroie trousse-harnais, de manière que le tout soit fixé le plus solidement possible en arrière des mamelles.

16. — *Embarquement des chevaux et des mulets* (Pl. IX).

On charge simultanément autant de vagons que le permet le nombre d'accessoires (rampes ou ponts volants) affectés à cette opération.

a) Chevaux. — Dès que les selles sont déposées à terre en arrière du rang, chaque sous-officier ou brigadier préposé à l'embarquement fait répandre dans chaque vagon la litière (et s'il est possible un peu de gravier) en ayant soin qu'elle s'étende sur le pont volant ou la rampe. Il faut qu'il y ait toujours un homme de chaque côté du pont volant ou de la rampe pour empêcher les chevaux de se traverser et de mettre les pieds dans le vide.

Au signal donné par le gradé, le premier homme de droite de chaque fraction, assisté d'un sapeur à pied s'il y a lieu, se porte franchement vers l'entrée du vagon dans lequel il introduit son cheval, ou successivement ses deux chevaux, en faisant baisser la tête à chaque animal pour franchir la porte.

Il tourne à droite et range le premier cheval introduit contre la paroi longitudinale du côté de l'entrée, la tête tournée vers le milieu du vagon.

Le deuxième cheval et ceux que tiennent les hommes suivants de la fraction sont introduits successivement de la même manière, chaque cheval étant placé à côté du précédent (1).

---

(1) On doit toujours embarquer d'abord les chevaux les plus dociles. Quand un cheval résiste, on fait avancer le suivant, et le premier est entraîné vivement à la suite, ou bien on lui couvre la tête et on l'amène

En principe, les chevaux d'un même attelage sont voisins dans le vagon, et conservent l'un par rapport à l'autre les places respectives qu'ils occupent étant attelés. L'ordre d'introduction du porteur et du sous-verge de l'attelage est à observer en conséquence.

Dès que le rang de chevaux est complet, deux sapeurs tendent la corde-poitrail, en la faisant passer plusieurs fois repliée dans les anneaux qui sont fixés au montant des portes du vagon, de manière à la faire passer devant les quatre chevaux et à barrer en même temps la porte du côté opposé à l'entrée ; ils attachent les chevaux par la longe le plus court possible, sans les débrider (1), aux anneaux du plafond, puis sortent du vagon et vont chercher leurs selles.

On procède de la même manière pour le rang opposé. La deuxième corde-poitrail, passée devant les chevaux, barre en même temps la porte d'entrée.

Les selles sont placées dans l'intervalle libre du milieu du vagon, sur une ou deux rangées accolées, debout sur le pommeau, le siège tourné vers la porte opposée à l'entrée, encastrées les unes dans les autres et serrées le plus possible contre cette porte.

Les bissacs des sous-verges sont placés dans la partie libre du vagon à côté des selles.

L'avoine et le foin (4 bottes par vagon) sont placés devant les deux rangées de selles.

On place deux gardes d'écurie dans chaque vagon à chevaux.

Les deux gardes d'écurie remettent leurs armes, et, s'il y a lieu, leurs sacs, à la fraction de l'unité à laquelle ils appartiennent.

L'officier qui dirige l'embarquement des chevaux s'assure que les gardes d'écurie sont en mesure d'ouvrir, de l'intérieur, l'organe de fermeture de la porte du vagon (*Pl.* VIII).

b) *Mulets.* — L'embarquement des mulets se fait d'une façon analogue à l'embarquement des chevaux. Les bâts sont déposés sur une couche de paille contre la paroi du vagon opposée à la porte ; on les superpose deux à deux, la matelas-

---

au vagon après lui avoir fait faire un tour sur lui-même. Un des moyens les plus sûrs de faire entrer un cheval récalcitrant consiste à le faire pousser par deux hommes qui le saisissent vivement sous la croupe, en se tenant la main. Pour les chevaux qui ruent, on fait usage d'une sangle ou deux sangles réunies bord à bord.

(1) Les hommes doivent éviter d'engager la longe dans les rênes, afin que l'on puisse enlever la bride sans détacher la longe.

sure en dessous, les arcades perpendiculaires à la voie; les coupes de bâts sont rapprochés autant que possible les uns des autres. Si le vagon contient à la fois des chevaux et des mulets, on place les selles sur les bâts. _

17. — *Embarquement du matériel* (1).

Principes généraux.

L'embarquement des voitures est dirigé par les lieutenants. Le commandant de la troupe a désigné à l'avance, pour cette opération, le personnel nécessaire réparti en un certain nombre d'équipes (2). Chacune d'elles est commandée par un sous-officier, assisté, s'il y a lieu, d'un caporal (ou d'un brigadier); elle est chargée de l'embarquement des voitures sur un nombre déterminé de trucs.

On charge simultanément autant de trucs que le permet le nombre des accessoires d'embarquement. Les rampes, ponts volants, cales, leviers, etc., sont également répartis entre les équipes (3).

Les voitures sont toujours introduites le timon en arrière; on doit au préalable relever les servantes et enlever les lanternes.

Il peut être avantageux, quand on doit embarquer des voitures dont le chargement est particulièrement lourd ou encombrant, d'enlever au préalable une partie de ce dernier qu'on remet en place une fois les voitures en position sur les trucs.

On peut aussi disposer les objets enlevés à même sur le plancher des trucs et ne les replacer sur les voitures qu'après leur débarquement; il en est ainsi en particulier pour les

---

(1) L'embarquement des voitures est commencé, en général, en même temps que celui des chevaux. Toutefois, il peut être exécuté après ce dernier :

1° Quand la gare ne dispose pas de l'espace ou du nombre d'accessoires suffisants pour que les deux opérations puissent avoir lieu simultanément ;

2° Lorsque, faute de personnel, on est obligé de faire concourir les sapeurs-conducteurs à l'embarquement des voitures.

(2) Pour la composition des équipes, voir la règle 14.

(3) Lorsqu'on embarque en chantier, il convient, afin de gagner du temps, de ne pas laisser de rampe non employée. En général, on devra donc former avec le personnel disponible autant d'équipes qu'il y a de rampes d'embarquement.

roues de rechange qui font partie du chargement des voitures des parcs et équipages (1).

Conditions essentielles d'un bon chargement.

1° Répartir autant que possible le poids sur la surface du truc de manière à ne pas fatiguer inégalement les ressorts ;

2° Faire en sorte qu'aucune partie du chargement ne dépasse les faux tampons ou tout au moins que les chargements de deux vagons consécutifs ne puissent en aucun cas s'entre-choquer ;

3° Consolider, caler, brêler, et amarrer avec soin les parties du chargement qui en sont susceptibles, de manière à les rendre toutes parfaitement solidaires entre elles et à en assurer la complète stabilité ;

4° Clouer les cales des roues sur le plancher du truc.

18. — *Chargement à quai.*

Le matériel est habituellement chargé par les grands côtés des trucs (2).

Le chef d'équipe répartit ses hommes autour de la voiture à charger ; en principe, deux hommes s'appliquent à chacune des roues de l'arrière-train, deux à l'avant-train et deux à l'extrémité du timon. Tous ces hommes font face à l'arrière de la voiture.

Les autres hommes se placent, sur l'ordre du chef d'équipe, aux points où leur aide est momentanément utile ; ils placent les bottillons, les ponts volants, les plateaux en bois blanc, s'il y a lieu, etc.

Le chef d'équipe se place au point le plus favorable pour diriger les mouvements et commander la manœuvre qui s'effectue de la manière suivante :

---

(1) Lorsque la troupe est pourvue de mulets de bât, leur chargement est déposé sur des trucs portant déjà des voitures, il n'est pas réservé en principe de truc spécial.

(2) Exceptionnellement. quand la gare possède des voies de chargement aboutissant à un quai perpendiculaire à ces voies, ou bien quand le quai parallèle à la voie principale est interrompu par une demi-lune à laquelle aboutit un tronçon de voie relié à la précédente par une plaque tournante. on peut charger les trucs. par le petit côté. Les trucs sont amenés successivement à quai par les hommes d'équipe, chargés par les sapeurs, puis ramenés au moyen de la plaque sur la voie où se forme le train.

On peut être amené à charger un truc par le petit côté en se servant du truc voisin comme truc auxiliaire. L'opération s'effectue comme l'explique la règle 19.

Relier le truc au quai par des ponts volants (2 à 4 suivant l'écartement des essieux) ; placer le bord gauche du premier à 0ᵐ,50 environ du côté gauche (1) du truc ; disposer les bottillons nécessaires pour amortir le choc des roues sur le plancher, lorsque les côtés du truc ne se rabattent pas ; placer la voiture en face du truc, son axe dans le prolongement de celui du groupe de ponts volants, le timon du côté opposé au truc.

Faire reculer la voiture sur les ponts volants et l'introduire sur le truc. Si elle est à tournant complet, faire tourner l'arrière-train à droite au moment où les roues d'arrière reposent sur le plancher, continuer à reculer pour engager l'avant-train et pousser la voiture jusqu'à l'extrémité de droite de la plate-forme ; dans ce mouvement, la maintenir aussi rapprochée que possible du grand côté extérieur du truc, si le chargement sur vagon doit comprendre en même temps une voiture à deux roues ; enlever le timon de la voiture à quatre roues et le placer au-dessous d'elle, sur le plancher.

Amener la voiture à deux roues, les limonières (ou le timon ou la flèche) en arrière ; la conduire sur le truc ; la faire tourner à gauche en la reculant de manière à la pousser jusqu'à l'extrémité de gauche de la plate-forme et en la maintenant aussi rapprochée que possible du grand côté intérieur du truc. Poser les limonières à terre en faisant passer la limonière extérieure entre le corps de la voiture à quatre roues et la roue intérieure de son avant-train (*Pl.* XX).

Quand le chargement comprend deux voitures à deux roues, faire reposer les limonières sur le plancher en les recroisant.

S'il y a lieu, déplacer les deux voitures et les rapprocher de manière que la charge soit également répartie sur le plancher.

Si la voiture à quatre roues est à tournant limité (cas d'une prolonge par exemple), la pousser sur le truc en commençant le mouvement de tourner ; riper à bras l'arrière-train quand sa roue droite arrive à environ 0ᵐ,40 du grand côté extérieur, et terminer comme précédemment.

Dans le cas où le chargement ne comprend qu'une voiture

---

(1) Les termes de *droite* et *gauche* désignent la droite et la gauche du chef d'équipe placé sur le quai, face au truc à charger.

Le grand côté *intérieur* d'un truc est celui contre lequel sont appuyés les ponts volants ou la rampe mobile ; le grand côté *extérieur* lui est opposé.

à quatre roues, la ramener vers le milieu du truc en vue de la répartition de la charge sur le plancher du vagon.

19. — *Chargement à l'aide de rampes.*

Lorsque le chargement s'effectue en chantier à l'aide d'une rampe mobile, un homme muni d'une cale à manche se place de chaque côté de la rampe et en dehors. Il suit le mouvement des roues de l'arrière-train, ou de la voiture à deux roues, sans gêner les hommes qui y sont appliqués, et cale ces roues toutes les fois que les hommes manœuvrant la voiture ont besoin de se reprendre, ainsi qu'à tous les commandements de : « halte » du chef d'équipe.

Suivant les conditions locales le chargement s'effectue soit par le grand, soit par le petit côté des trucs.

1° *Chargement par le grand côté.* — Si le grand côté du truc est pourvu d'une porte, on peut la rabattre et appliquer la rampe au droit de cette porte. D'une manière plus générale, la rampe est disposée vers la gauche du grand côté, comme l'étaient les ponts volants dans le cas du chargement à quai.

Les voitures à charger sont amenées successivement en face de la rampe et chacune d'elles est montée sur le truc en tenant compte des indications données à la règle 18 pour le chargement à quai et en évitant de faire passer les roues sur les crochets des longrines en fer.

Afin d'éviter le plus possible de déplacer les rampes, il y a intérêt, pour amener sur un truc la voiture à quatre roues et, s'il y a lieu, la voiture à deux roues qu'il doit porter, à se servir du truc voisin comme truc auxiliaire, avant de charger ce dernier. Celui-ci est relié au sol au moyen de la rampe et les deux trucs le sont entre eux par des ponts volants. Les voitures sont montées successivement sur le truc auxiliaire et passées de là sur leur truc de chargement.

Si les petits côtés se rabattent ou sont peu élevés et si l'on dispose d'un nombre suffisant de ponts volants, il sera toujours avantageux, non seulement de faire passer les voitures du truc auxiliaire auquel est appliquée la rampe sur le truc voisin, mais encore de les conduire de ce dernier sur d'autres plus éloignés (1).

---

(1) Lorsque les petits côtés des trucs ne se rabattent pas il faut avoir soin de placer l'excédent de longueur des ponts volants, réunissant les

On chargera ainsi surccessivement tout un groupe de vagons à l'aide d'un seul truc auxiliaire et d'une seule rampe (1).

2° *Chargement par le petit côté.* — Lorsque les dispositions de la gare permettent d'aborder avec les voitures aux extrémités d'un groupe de vagons à charger, on procède au chargement en appliquant la rampe au petit côté de l'un des trucs extrêmes (2), qui joue ainsi pour tout le groupe le rôle de truc auxiliaire.

Ce procédé de chargement comporte une grande rapidité d'exécution, surtout quand on ne dispose que de trucs à fond plat. On doit y recourir chaque fois que c'est possible pour gagner du temps.

Pour le chargement à l'aide de rampes, on se sert toujours des poulies qui accompagnent ces rampes et des cordes à chevaux portées par les voitures à embarquer. On peut aussi se servir des prolonges des compagnies de chemins de fer, à condition qu'elles soient en bon état et paraissent suffisamment résitantes (*Pl.* X).

On peut opérer de la manière suivante (3) :

Fixer solidement une corde à chevaux par une de ses extrémités à un des essieux du vagon du côté opposé à la rampe, la rabatre transversalement sur le plancher du truc; à cette première corde, en attacher une deuxième, de manière que le nœud qui les réunit se trouve vers le milieu du truc quand la corde est tendue; engager l'extrémité de cette deuxième corde dans la gorge de la poulie fixée à la voiture, comme il est dit ci-après, et appliquer les hommes désignés au brin libre pour faire monter la voiture sur la rampe. Ces hommes doivent être disposés de manière à produire le maximum

---

trucs, du côté où vont les voitures et non du côté d'où elles viennent; on dispose des bottillons pour amortir les chocs. Si on en a la possibilité, on brêle les ponts volants aux faux tampons pour les rendre plus stables.

Quand on procède au chargement en faisant passer les voitures d'un truc sur un autre, il faut s'assurer que le train est attelé bien serré et que les roues des trucs sont calées; c'est aux agents des chemins de fer qu'il incombe de prendre ces précautions.

(1) En vue de l'exécution d'une telle opération, le train pourra être sectionné en plusieurs tronçons.

(2) Dans le cas du chargement par le petit côté, les longrines de la rampe doivent être placées entre les tampons et contre eux.

(3) Cette manière de faire n'est donnée qu'à titre d'indication, toute initiative est laissée aux officiers chargés de l'embarquement.

d'effort ; ils montent sur les trucs autant qu'il ne doit pas en résulter de gêne pour la manœuvre (*Pl. X*).

La poulie peut être fixée à la voiture ainsi qu'il suit :

Réunir par un nœud les deux bouts d'une jarretière, la replier en quatre; la passer autour de l'essieu de l'arrière-train de la voiture à quatre roues ou de celui de la voiture à deux roues et engager le crochet de la poulie dans les ganses formées par ce cordage (1).

20. — *Chargement à quai sur un même truc de deux voitures de la 2ᵉ catégorie* (Pl. XXI).

Suivant la nature des trucs, le chargement peut s'effectuer soit en introduisant directement les deux voitures sur le truc de chargement, soit en se servant d'un truc voisin comme truc auxiliaire.

Les deux procédés sont décrits ci-après. Mais, quel que soit celui qu'on applique, il faut placer les voitures de façon que les manivelles des vis de frein ne soient pas en contact, c'est-à-dire qu'elles se trouvent vers les grands côtés du truc et non dans son axe.

Les explications qui suivent supposent le cas de voitures ayant la manivelle du frein à droite (2).

On doit commencer le chargement par la voiture placée contre le grand côté extérieur, afin de laisser aux hommes employés à la manœuvre la place suffisante pour se mouvoir.

1ʳᵉ méthode. — *Chargement direct.* — Cette méthode ne s'applique qu'à des trucs à *fond plat* ayant au moins 6 mètres de long sur 2ᵐ,83 de large.

1° Relier le truc au quai au moyen de quatre ou cinq ponts volants en les disposant de la droite à la gauche, de manière que le bord droit du premier se trouve à peu près au milieu du grand côté intérieur;

2° Introduire la première voiture, l'arrière-train en avant

---

(1) Dans les cas où l'on ne dispose pas de poulie, on peut utiliser la corde à chevaux ou la prolonge seule, en la passant directement dans les ganses du cordage attaché à la voiture comme il vient d'être dit.

(2) Pour des voitures ayant la manivelle de frein à gauche, on adopterait des dispositions symétriques.

et à droite ; commencer sur les ponts volants, si la largeur de leur ensemble le permet, le mouvement de reculer à droite ; ranger la voiture contre le bord extérieur et la reculer provisoirement autant qu'il est possible vers la droite du trūc. Enlever le timon, le placer sur le plancher vers le côté extérieur. Tourner l'avant-train et en diriger l'essieu suivant l'axe de la voiture, la volée du côté extérieur ;

3° Introduire la deuxième voiture, l'arrière-train en avant et à gauche, commencer le reculer à gauche sur les ponts volants, s'il est possible. Riper l'arrière-train à bras pour le ranger contre le bord intérieur. Engager l'avant-train, enlever le timon, le placer sur le plancher vers le côté intérieur. Faire pivoter l'avant-train, en diriger l'essieu suivant l'axe de la voiture, la volée du côté du quai ;

4° Faire avancer les deux voitures, s'il est nécessaire, en soulevant à bras les avant-trains, de manière que les arrière-trains ne dépassent pas les faux tampons ;

5° Si les timons de rechange sont en contact, les enlever et les placer sur le plancher ;

6° Amarrer les avant-trains l'un à l'autre et les arrière-trains aux anneaux de la plate-forme.

2° méthode (1). — *Chargement à l'aide d'un truc auxiliaire.* — Cette méthode permet d'utiliser les trucs ayant le fond garni de traverses saillantes, pourvu qu'ils aient les dimensions minima de $6^m,30$ sur $2^m,83$. Les vagons doivent être attelés serrés et les roues calées.

Le truc de chargement est à droite, le truc auxiliaire à gauche.

1° Embarquer la première voiture sur le truc de chargement, comme il a été expliqué dans la première méthode ;

2° Abattre, s'il est possible, les petits côtés voisins des deux trucs, les relier par trois ponts volants jointifs. Si les petits côtés sont fixes, disposer des bottillons pour en faciliter le franchissement. Relier le truc auxiliaire au quai au moyen de ponts volants disposés de la gauche à la droite, de manière que le bord gauche du premier se trouve à peu près au milieu du côté intérieur ;

3° Faire entrer la deuxième voiture, l'arrière-train en

---

(1) Cette méthode peut également s'appliquer au cas du chargement en chantier au moyen de rampe mobile.

avant, mais à gauche, sur le truc auxiliaire, d'une manière analogue à celle déjà indiquée, en diriger le timon vers le truc de chargement;

4° Conduire cette voiture, le timon en avant, sur le truc de chargement, en lui faisant franchir les ponts qui relient les deux vagons (1). Placer les roues droites de la deuxième voiture contre le grand côté intérieur; ôter le timon, le placer sur le plancher vers le côté intérieur; tourner l'avant-train de manière à placer l'essieu parallèlement à la voie, la volée du côté du quai.

Terminer le chargement comme dans la 1re méthode.

21. — *Chargement à la grue.*

On peut avoir recours aux grues des gares pour le chargement sur les trucs de voitures très lourdes, comme les voitures-tubes des parcs aérostatiques, ou pour le chargement en chantier de deux voitures à quatre roues sur un même truc. Les voitures sont enlevées de terre et descendues sur les vagons dans la position qu'elles doivent occuper et qui est définie dans les règles précédentes. La manœuvre du chargement incombe dans ce cas aux agents des chemins de fer

22. — *Dispositions particulières au chargement de certaines voitures et de certains parcs.*

1° *Caisson à mélinite.* — Le caisson à mélinite est embarqué les deux trains séparés.

Le coffre d'arrière est placé à droite du truc; la flèche repose sur le plancher, le coffre d'avant est à gauche, le timon élevé est attaché par des jarretières à l'essieu du coffre d'arrière, près de l'une des roues.

2° *Parcs des sections d'aérostiers de campagne.* — En principe, l'embarquement des voitures des sections d'aérostiers de campagne a toujours lieu à quai; si l'on était absolument obligé d'embarquer en chantier, on recourrait, pour charger sur truc les voitures-tubes, aux grues des gares, et, à défaut, aux rampes du modèle prévu pour l'embarquement du matériel de siège comme l'indique la règle 12.

---

(1) Voir le premier renvoi de la règle 19.

23. — *Embarquement des voitures des équipages de pont*
(Pl. XXXIII).

Dispositions générales.

On entre-croise les voitures en plaçant alternativement un haquet à bateau, ou à nacelle, et une autre voiture dont le chargement plus court et plus bas s'engage sous la levée du bec des bateaux ; on peut ainsi composer le train sans intercaler des trucs vides entre ceux qui reçoivent les haquets.

Cette disposition du chargement permet aussi d'utiliser des trucs de longueurs différentes ; la longueur minimum intérieure de ces derniers doit d'ailleurs être de 5^m,50 (Règle 11).

Dans les chargements de deux trucs qui se suivent, les parties saillantes exposées à des dégradations par suite de chocs doivent être éloignées les unes des autres de 0^m,50 au minimum.

Toutes les voitures sont placées l'avant-train en avant. Les timons des haquets et des chariots de parc sont toujours enlevés et placés soit dans les bateaux, soit sur le plancher des trucs correspondants ou sur le chargement des voitures.

Tous les haquets ont les roues de devant appuyées contre les rebords des trucs.

La volée de l'avant-train des haquets, s'il en est besoin, est retournée sous la voiture, après l'enlèvement du timon.

La forge peut être embarquée en deux trains séparés, disposés comme ceux du caisson à mélinite (Règle 22).

Exceptionnellement on peut comprendre dans un même chargement un des trains de la forge avec un fourgon.

Dans cette dernière hypothèse, la répartition des voitures d'un équipage de pont de corps d'armée entre deux trains, l'un de 23 vagons, l'autre de 22, peut être fait de la manière suivante :

Train n° 1. — 1re division d'équipage, section de réserve et 4 fourgons ; soit 24 voitures sur 23 vagons :

Trucs n°s 1 et 3. Chariots de parc du 1er groupe.
    — 2 et 4. Haquets à bateau du 1er groupe.
    —   5   Avant-train de forge et fourgon.
    —   6   Haquet de chevalets du 1er groupe.
    —   7   Arrière-train de forge et fourgon.
    —   8   Haquet à nacelle.
    —   9   Chariot de section de culée.

Trucs n.ºs 10, 12, 14, 16, 18, 20, 22. Haquets à bateau du
2e groupe et haquet de réserve.
— 11. 13, 15, 17, 19, 21, 23. Chariots de sections de
bateaux du 2e groupe. — Chariot de forge. — Chariot de réserve. — 2 fourgons.

Train n° 2. — 2e division, voitures auxiliaires du service
des conducteurs, 2 fourgons, soit 23 voitures sur 22 vagons.

Trucs n°s 1 à 9. Même chargement que pour le train n° 1.
— 10, 12, 14, 16, 18, 20. Haquets à bateau du 2^e
groupe.
— 11, 13, 15, 17, 19, 21, 22. Chariots de sections de
bateaux du 2e groupe. — Chariot de forge. — Voitures auxiliaires.

Cette répartition n'est indiquée qu'à titre de renseignement.

On en déduirait celle des voitures d'un équipage de division isolée.

Chargement des voitures.

Le chargement des voitures d'un équipage de pont doit
s'effectuer en principe à quai et exceptionnellement en chantier au moyen de rampes mobiles. Dans l'un et l'autre cas, on
opère comme il a été indiqué précédemment, règles 18 et 19.

Toutefois, si les trucs dont on dispose n'ont que la longueur nécessaire au placement des voitures, ou si leurs rebords fixes sont très élevés, on peut être obligé de placer les
voitures sur les trucs après les avoir au préalable déchargées
complètement de leur matériel. On procède alors de la manière suivante, qui ne s'applique qu'au cas du chargement à
quai par le grand côté :

A) Relier le quai au truc par trois ou quatre ponts volants.

B) *Chariot de parc.* — Amener le chariot déchargé parallèlement au truc, les roues touchant les ponts volants; le porter sur ces ponts et le faire glisser jusque sur le truc à l'emplacement qu'il doit occuper, le recharger ensuite de ses ma-
driers et de ses agrès.

B') *Haquet avec bateau* (ou avec nacelle). — Placer le haquet déchargé sur le truc, comme il vient d'être indiqué pour
le chariot; le recharger de ses sept poutrelles; brêler deux

fausses poutrelles superposées contre les ranchets de devant (1) et deux autres contre les ranchets de derrière (1) ; placer cinq poutrelles formant rampes du quai aux brancards, les extrêmes près des ranchets (1) ; apporter le bateau (ou la nacelle) et faire glisser l'embarcation jusque contre les fausses poutrelles.

Placer aux extrémités des poutrelles cinq hommes qui les mettent à bras, puis à l'épaule ; soulever alternativement l'avant et l'arrière du bateau (ou de la nacelle) et porter chaque partie sur les fausses poutrelles, à la place qu'elle doit occuper.

Débrêler les fausses poutrelles et les dégager, puis brêler le bateau (ou la nacelle) sur son haquet.

Cas particulier du chargement.

La composition du chargement d'un train peut obliger de mettre un haquet avec nacelle entre deux haquets avec bateaux, dans ces conditions le premier ne peut être placé sur le truc avec son chargement ; on procède alors de la manière suivante :

Après avoir entièrement déchargé le haquet, placer la nacelle renversée, les plats-bords sur le plancher, et les anneaux de brêlage à égale distance des extrémités du truc ; puis charger d'abord les poutrelles de chaque côté de la nacelle sur deux de hauteur, et ensuite le haquet, ses roues reposant sur les poutrelles, les roues de derrière contre les rebords du truc ; enfin placer le corps mort et les agrès sur le haquet ou aux emplacements disponibles sur le plancher du truc.

Si le chargement s'effectue par le grand côté, il est plus commode, pour placer le haquet, d'ôter l'avant-train et les roues et de les remettre ensuite.

Il est essentiel de clameauder les poutrelles entre elles et de les amarrer aux anneaux des trucs ainsi que la nacelle et les roues du haquet.

24. — *Brêlage.* — *Calage.* — *Prolongeage.*

Brêlage. — Les roues de deux voitures voisines sur un même truc doivent être brêlées au moyen de jarretières, toutes les fois que cela est possible. On interpose des bouchons de

---

(1) Ou à hauteur des platines à anneau remplaçant ces ranchets.

paille entre les roues qui se croisent ainsi qu'entre les parties des voitures susceptibles de frotter les unes contre les autres. Le brêlage est fait par les soins de la troupe qui a embarqué le matériel.

Calage. — Dès qu'un truc a reçu tout son chargement, les roues sont calées par les agents du chemin de fer (1).

Prolongeage. — Ces mêmes agents fixent entre elles les roues des diverses voitures au moyen de cordages embrassant les jantes et amarrés aux anneaux du truc, de façon que tous les éléments se trouvent solidement reliés entre eux et avec le truc. Cette opération, qui s'appelle prolonger, est faite au moyen des prolonges fournies par les compagnies de chemins de fer.

25. — *Embarquement des hommes.*

Dès que l'embarquement des chevaux et du matériel est terminé, le commandant de la troupe fait réunir et placer sur les trucs les divers accessoires d'embarquement fournis par l'unité et les bottillons, et fait reprendre par les hommes des équipes d'embarquement et par les sapeurs-conducteurs leurs armes et leurs effets.

Il rassemble toute sa troupe devant les voitures qu'elle doit occuper en faisant entrer dans le rang les gradés, les hommes en serre-files, les tambours, clairons, etc.

L'officier qui a fait la reconnaissance du train divise la troupe en fractions correspondant à la contenance des vagons sans distinction d'unités; il dénomme chaque fraction, suivant sa position, 1er vagon, 2e vagon, etc.

Les sous-officiers et les caporaux ou brigadiers sont répartis de manière à assurer partout l'ordre et la discipline.

Dans chaque fraction un gradé est désigné comme chef de vagon; il désigne à son tour, s'il y a lieu, des chefs de compartiment.

Les sapeurs porteurs de manches de pelles sont répartis en-

---

(1) Pour les voitures à deux roues ou celles dont les trains sont séparés, il est placé trois cales par roue; une à l'avant, une à l'arrière et une sur le côté extérieur. Pour les voitures à quatre roues, dont les trains restent réunis, il est placé deux cales par roue: une à l'avant (ou à l'arrière) et une sur le côté extérieur si les essieux sont parallèles; mais si les trains sont placés à angle droit, il est nécessaire de conserver trois cales par roue.

Les cales sont clouées sur le plancher des trucs par deux pointes au moins.

tre les diverses fractions, mais en aucun cas on ne doit en trouver plus de trois dans un groupe de huit hommes désignés pour occuper un même compartiment à voyageurs.

Chaque fraction est massée, comme il est indiqué ci-après, devant le vagon qu'elle doit occuper, y faisant face de manière à ne pas dépasser la longueur de ce vagon.

A la sonnerie « En avant » (1), les hommes enlèvent s'il y a lieu leur sac, qu'ils posent à terre devant eux, chaque vélocipédiste conduit sa machine au fourgon de service où elle doit être placée, et l'embarquement commence aussitôt (2) :

a) *Vagons à voyageurs.*

Dans ce cas la fraction est formée sur un nombre de files double de celui des compartiments du vagon.

Cas des sapeurs non montés. — Pour chaque compartiment les chefs des deux files correspondantes, dont l'un est chef de compartiment, remettent leur fusil (ou leur mousqueton) aux hommes placés derrière eux et montent en vagon, puis ils reprennent leur arme et se portent du côté opposé à la porte d'entrée. Le chef de compartiment place son arme verticalement contre la paroi du petit côté du compartiment, la bretelle en avant, la crosse posant sur une des banquettes; il visse un piton dans la paroi du vagon, la tige touchant la monture de son arme et à 5 centimètres environ au-dessous de l'embouchoir. Les autres hommes passent successivement leurs armes qui sont placées côte à côte dans la position qui vient d'être indiquée.

Les armes étant ainsi placées, le chef de compartiment visse un deuxième piton contre la dernière et passe une courroie de sac dans les pitons, de manière à embrasser toutes les armes en les serrant fortement les unes contre les autres (*Fl.* IV).

Les filets ou les crochets, quand les vagons en sont munis, sont utilisés pour le placement des armes au lieu du mode qui vient d'être indiqué.

Les hommes passent leurs sacs à leurs chefs de file qui les

(1) Il est absolument interdit aux militaires de se servir du sifflet dans les gares.

(2) En cas de transport de la musique, les musiciens doivent occuper les premières voitures. A la sonnerie « en avant » ils vont d'abord, sous la conduite de leur chef, déposer les gros instruments dans le fourgon de service.

répartissent aux divers emplacements qu'indique la planche IV en observant d'appuyer contre la rangée d'armes un sac portant un gros ustensile de campement, et de placer sous les banquettes, d'abord les sacs à manches de pelles, puis autant que c'est possible ceux qui portent encore de gros ustensiles de campement.

Dans tous les cas, les manches d'outils sont tournés du côté de la paroi ou de la séparation du vagon après qu'on les a fait couler jusqu'au bout des sacs auxquels ils sont arrimés.

Sur l'ordre du chef de compartiment, les hommes entrent ensuite dans le vagon.

Cas des sapeurs-conducteurs. — Les sapeurs-conducteurs habillés en hommes montés tiennent leur sabre en main pour monter dans les compartiments, à la sonnerie : « En avant ». Ils utilisent les filets ou les crochets, quand les vagons en sont munis, pour y placer leurs armes.

b) *Vagons aménagés.*

Dans ce cas, la fraction est formée sur huit files.

Pour les vagons à 32 hommes, ces files se composent uniformément de 4 hommes.

Pour les vagons à 36 hommes, elles comprennent :

Les files n°s 1, 4, 5 et 8 : 4 hommes ;
Les files n°s 2, 3, 6 et 7 : 5 hommes.

Pour les vagons à 40 hommes (1), toutes les files sont de 5 hommes.

Les chefs de file montent dans le vagon et se portent : les chefs de 1re et 2e files, dans la travée de droite la plus rapprochée de l'entrée ; les chefs des 3e et 4e, dans l'autre travée de droite ; les chefs des 5e et 6e, dans la travée de gauche la plus éloignée de l'entrée ; les chefs des 7e et 8e, dans la travée de gauche la plus rapprochée.

Dans chaque travée l'un des chefs de file reçoit les fusils (ou les mousquetons) des hommes de sa travée et les fixe contre l'une des parois du vagon, à l'aide des pitons et d'une courroie de sac, aux emplacements indiqués par les planches V, VI et VII.

______

(1) Pour les vagons de plus grande capacité, on prendra les dispositions nécessitées par l'aménagement spécial du vagon.

Il reçoit ensuite les havresacs et les place comme il est indiqué aux mêmes planches, après avoir fait couler les manches d'outils jusqu'au bout des sacs qui les portent, et en ayant soin que ces manches ne puissent jamais gêner les hommes pour s'asseoir.

Sur l'ordre du chef de vagon, tous les hommes montent et se placent dans la travée où se trouvent leurs chefs de file.

L'embarquement des sapeurs-conducteurs ne présente dans ce cas rien de particulier.

Chaque chef de vagon s'assure que les hommes sont en mesure d'ouvrir de l'intérieur l'organe de fermeture de la porte du vagon (*Pl.* VIII).

26. — *Mesures à prendre avant le départ du train.*

L'embarquement terminé, le sous-officier adjoint à l'officier chargé de la reconnaissance du train écrit à la craie, sur les vagons, à côté du numéro d'ordre et, pour les voitures à voyageurs, sur le grand marchepied, l'indication de la subdivision, section, escouade, etc., qui l'occupe.

Les mêmes indications sont mises sur les vagons à chevaux.

Toutes les inscriptions sont reproduites de l'autre côté des véhicules; elles servent à faire retrouver les places aux stations où les hommes peuvent descendre.

Il est bon, en outre, de recommander aux hommes de retenir le numéro d'ordre peint sur leur vagon et sur celui dans lequel se trouvent leurs chevaux.

Il est interdit aux militaires de fermer eux-mêmes les portes ou portières, ce soin incombant exclusivement au personnel des chemins de fer.

Il est prescrit aux hommes de desserrer les lacets de leurs brodequins, afin d'éviter les gonflements de la jambe.

Dans tous les cas, le pantalon ne doit jamais rester engagé dans les chaussures.

Le commandant de la troupe, accompagné du commissaire militaire, du chef de gare et du chef de train, passe une inspection rapide du train avant de monter lui-même en vagon; il s'assure en particulier que tous les chargements sont solidement assujettis, et que les bottillons et les accessoires appartenant à la troupe, qui doivent être utilisés pour le débarquement, sont placés sur les trucs.

27. — *Mesures de police et de sécurité.*

Il est interdit.

1° De passer la tête ou les bras hors des portes, portières et volets d'aération ;

2° De procéder pendant la marche, à l'ouverture des portes, portières et volets d'aération, ou à la fermeture desdits volets ;

3° De passer d'une voiture dans une autre ;

4° De pousser des cris et de chanter ;

5° De descendre des voitures aux stations avant les sonneries qui doivent en donner le signal ;

6° De fumer dans les vagons à chevaux ;

7° De fumer dans les voitures des hommes au cas où, par les grands froids, il y aurait de la paille sur le plancher ;

8° De jeter hors des vagons des objets quelconques et notamment des bouteilles pouvant blesser les agents en service sur la voie.

Les chefs de vagon sont responsables de l'observation de ces prescriptions.

28. — *Haltes et stations.*

Le commandant de la troupe se fait renseigner à l'avance par le chef de train sur les conditions générales du transport. Il fait connaître aux officiers les stations où la troupe pourra descendre de voiture, ainsi que la durée des haltes.

Ces indications n'ont qu'un caractère de renseignement, les nécessités de l'exploitation technique pouvant exiger, en cours de route, la réduction des arrêts prévus.

A l'arrivée dans chaque gare de halte, le commandant de la troupe reçoit du commissaire militaire ou, à son défaut, du chef de gare, l'indication de la durée exacte de l'arrêt et des consignes locales.

Sur la demande de l'un ou de l'autre, il est tenu, lorsque les hommes sont sur les quais, de les faire immédiatement remonter en vagon.

Dans les courts arrêts compris entre cinq et dix minutes, l'officier de jour, accompagné du sous-officier de la garde de police, doit descendre et parcourir rapidement le train pour s'assurer que tout est en ordre et recevoir les réclamations ; il peut autoriser quelques hommes pressés de besoins urgents à descendre.

Dans les haltes de dix à quinze minutes, où tous les hommes peuvent descendre de vagon, les officiers se portent aussitôt à hauteur des vagons où sont embarqués leurs hommes, et la garde de police descend immédiatement. Le commandant de la troupe fait placer des factionnaires, si cela est nécessaire, principalement pour empêcher les hommes de circuler sur les voies, dans les buffets et buvettes, si l'entrée en est interdite, de sortir des gares ou des espaces enclos, etc.

Les hommes ne descendent de vagon qu'à la sonnerie : « halte »; ils laissent leurs armes dans les vagons et doivent sortir exclusivement par les portes ou portières qui ouvrent du côté du quai ou du trottoir.

Trois minutes avant le départ, à la sonnerie : « en avant », les hommes remontent en vagon.

Ils sont libres de ne pas descendre, et, s'ils sont descendus, de remonter avant le signal du rembarquement.

Le commandant de la troupe devra mettre à profit les arrêts du train pour faire visiter les vagons à chevaux, relever, quand il y a lieu, les gardes d'écurie, vérifier le chargement du matériel et le faire consolider au besoin.

Lorsque les buffets ou buvettes ne sont pas interdits, l'entrée n'en est autorisée que pour un homme par compartiment de voitures à voyageurs ou deux hommes par vagon aménagé, chargés de faire les achats de leurs camarades du compartiment ou du vagon.

Ces hommes sont conduits au buffet ou à la buvette par un sous-officier.

Haltes-repas. — Dès l'arrivée, le commandant de la troupe reçoit, du commissaire militaire, communication des consignes locales; il est informé de la durée réelle de l'arrêt du train. Si la station n'est pas munie d'un poste permanent, la garde de police descend en armes et des factionnaires sont placés d'après les indications du commissaire militaire.

A la sonnerie de : « la soupe », le fourrier ou le sous-officier d'approvisionnement se porte au lieu où doivent se faire les distributions, il est accompagné du nombre d'hommes de corvée nécessaire (deux par vagon) et reçoit de l'officier d'administration les denrées qui doivent lui être remises. L'officier de jour surveille cette opération.

Les ordonnances des officiers montés et les sapeurs-conducteurs descendent de vagon et sont conduits aux vagons à chevaux ; ils distribuent aux animaux, concurremment avec les gardes d'écurie, l'eau et l'avoine.

La distribution aux chevaux étant terminée et les gardes d'écurie relevés, les hommes qui ont procédé à cette distribution reprennent leurs places dans les vagons. Le fourrier, ou le sous-officier d'approvisionnement, fait alors la distribution des vivres sous la surveillance des officiers ; tous les hommes peuvent ensuite descendre sur les quais.

Le chef de la troupe prend des mesures pour que les hommes de la garde de police et les gardes d'écurie reçoivent les vivres qui leur sont destinés.

Avant le départ, le commandant de la troupe signe sur le carnet de l'officier d'administration de la halte-repas le reçu des denrées distribuées. Il assure sous sa responsabilité la restitution audit officier des récipients dans lesquels des denrées lui ont été délivrées.

29. — *Devoirs des gardes d'écurie.*

Au départ, les gardes d'écurie ne débrident les chevaux que lorsqu'ils sont calmés et que le train est en marche. Les brides, soigneusement attachées, sont placées sur les rangées de selles.

A tous les coups de sifflet de la locomotive, à chaque arrêt et à chaque départ, les gardes d'écurie parlent aux chevaux, les calment et les soutiennent.

En cas d'accident, ils se portent aux fenêtres et avertissent par leurs cris et en agitant leur mouchoir.

Les gardes d'écurie sont relevés toutes les trois heures environ. On profite, pour cette opération, des haltes supérieures à dix minutes ou des haltes-repas.

Pendant la route, les gardes d'écurie font manger les chevaux en leur donnant le foin à la main. Les bottes de foin sont remplacées pendant les haltes, au fur et à mesure de la consommation.

Dans les gares désignées pour les repas des chevaux, on distribue l'avoine dans les musettes.

Pour abreuver les chevaux, les hommes remplissent les seaux et les passent aux gardes d'écurie qui les reçoivent et font boire.

En principe, les chevaux ne sont abreuvés que lorsque la durée du trajet est de plus de douze heures (1).

Toutes les fois que cela est possible, les volets qui se trouvent au droit de la tête des chevaux restent fermés.

30. — *Arrivée à déstination.*

Lorsque, en cours de route, la destination ou l'itinéraire primitivement assignés à un train sont modifiés soit par l'ordre des autorités militaires de chemins de fer, soit en raison de nécessités de force majeure, le commandant de la troupe en est informé le plus tôt possible par les soins d'un commissaire militaire, ou, s'il y a lieu, d'un chef de gare.

Les ordres ou instructions dont le commandant de la troupe est porteur sont modifiés ou retirés et remplacés par les soins du commissaire militaire ou chef de gare, d'après les indications données par les autorités militaires de chemins de fer. Les modifications ou les documents nouveaux sont signés par le commissaire militaire ou le chef de gare et revêtus du timbre de la commission ou de la gare.

A la dernière halte avant l'arrivée, le commandant de la troupe fait avertir les hommes de se tenir prêts à descendre. Tous les hommes rectifient leur tenue.

Les gardes d'écurie brident les chevaux et replacent les musettes-mangeoires sur le troussequin des selles comme elles étaient au départ.

A l'arrivée à la gare de destination, le commandant de la troupe reçoit du commissaire militaire l'indication du temps qui lui est accordé pour effectuer son débarquement [au maximum 1 h. 30 pour une compagnie de génie et son parc, 1 h. 30 pour un parc du génie de corps (avec la compagnie de corps), 2 h. 30 pour un équipage de pont (chargement d'un train), 3 heures pour chaque fraction d'un parc du génie d'armée (chargement d'un train)] et de toutes les autres conditions dans lesquelles le débarquement doit s'effectuer. Il en reçoit, en particulier, tous les renseignements nécessaires sur les consignes locales, sur les issues de la gare ou du quai, ainsi que sur la place d'attente où il pourra réunir sa troupe en

---

(1) Dans ce cas même, ils ont besoin de peu d'eau ; un seau suffit généralement pour deux chevaux.

dehors de la gare et où il sera rejoint par ses voitures (1).
Il fait immédiatement reconnaître l'itinéraire à suivre pour
gagner cette place d'attente et fait placer, par le sous-officier
commandant la garde de police, les sentinelles nécessaires
pour maintenir l'ordre.

Le commandant de la troupe reconnaît les dispositions pri-
ses par la gare pour le débarquement des chevaux et des
voitures; il réclame, s'il y a lieu, à la commission de gare
les engins nécessaires à ce débarquement et le personnel
chargé des opérations qui incombent au service des chemins
de fer.

31. — *Débarquement des hommes.*

A la sonnerie *de la marche*, les hommes sortent des vagons
et se reforment devant le train. Le débarquement s'exécute
d'après les mêmes principes que l'embarquement et par les
moyen inverses (2).

Les sapeurs-conducteurs sont réunis en face des vagons qui
contiennent les chevaux; ils sont formés en bataille en lais-
sant un large espace entre le front de la troupe et les vagons.
Les armes, les étuis-musettes et les manteaux sont déposés en
arrière du rang.

---

(1) Le devoir commun du commissaire militaire et du commandant de
l'unité est de faire le plus rapidement possible :
  1° Opérer le débarquement ;
  2° Évacuer entièrement la gare ou le quai ;
  3° Reformer le train vide, s'il a été nécessaire de le couper en deux
ou plusieurs tronçons.
A cet effet, le commandant de la troupe quel que soit son grade, est
tenu de déférer aux observations du commissaire militaire et, en cas
d'utilisation d'un chantier de fortune ou d'insuffisance du personnel du
chemin de fer, de fournir, en sus des équipes de débarquement proprement dites, toutes équipes supplémentaires nécessaires pour aider aux
mouvements de vagons et manœuvres de gare. Le commissaire militaire
est chargé de diriger ces équipes supplémentaires, mais doit s'abstenir
d'intervenir auprès des sous-ordres, en ce qui concerne le débarquement
proprement dit.
Afin de diminuer l'encombrement, les différentes fractions de l'unité
peuvent être, au fur et à mesure de leur débarquement, dirigées sur le
point où doit se reformer la troupe (Appendice VII; art. 37).
(2) On doit recommander aux hommes de tenir à la main leur fourreau
de sabre ou d'épée-baïonnette, lorsqu'ils descendent des vagons, et,
quand ils sont descendus, de ne pas appuyer leurs armes contre les voitures du train qui peuvent à tout instant être ébranlées par un mouvement de la locomotive.

Les ordonnances des officiers montés se joignent aux sapeurs-conducteurs.

Les hommes désignés pour débarquer le matériel sont conduits par les officiers et les gradés préposés à cette opération au point de débarquement (1). Ils forment les faisceaux, déposent leurs sacs, leur équipement, et leur capote ou veste, s'il y a lieu.

Les hommes disponibles sont emmenés immédiatement hors de la gare ou sur la place d'attente ; on peut leur faire former les faisceaux et déposer leurs sacs, en attendant le rassemblement général de toutes les fractions de l'unité.

Les employés de chemin de fer, et, à défaut les sapeurs, disposent les ponts volants et les rampes nécessaires au débarquement des chevaux et du matériel. Les portes des vagons restent néanmoins fermées.

32. — *Débarquement des voitures.*

Dès l'arrivée du train les agents du chemin de fer enlèvent les brêlages et les cales. Ils sont aidés, s'il y a lieu, par les sapeurs. Les voitures sont débarquées par les moyens inverses de ceux qui ont servi à les embarquer (2).

Si les gares disposent de grues on peut se servir de ces engins dans des conditions analogues à celles indiquées à la règle 21 pour l'embarquement.

Les prescriptions de la règle 22 pour l'embarquement des voitures des parcs aérostatiques s'appliquent à leur débarquement.

Quand les deux trains d'une voiture à trains indépendants sont séparés (caisson à mélinite, forge des équipages de pont), il convient, pour faire sortir les arrière-trains, d'y accrocher les avant-trains. Les hommes ont ainsi plus de facilité pour opérer le débarquement.

Lorsque le débarquement doit être fait en chantier au

---

(1) On peut donner aux équipes la même composition que pour l'embarquement.

(2) Lorsqu'on procède au débarquement de deux voitures à quatre roues de la 2ᵉ catégorie placées sur un même truc sans employer un truc auxiliaire, il faut avoir soin de faire pivoter légèrement l'avant-train de la voiture extérieure au moment de débarquer la voiture intérieure, afin d'éviter que la roue de la première accroche le frein à patin de la deuxième.

moyen de rampes mobiles, chaque voiture à débarquer est tournée dans la direction de la rampe, le timon ou les limonières en avant.

Les cordes à chevaux, la poulie et les jarretières sont placées comme il a été dit pour l'embarquement (1).

Si l'on opère sans poulie, la corde à chevaux est enroulée deux fois autour de l'essieu du vagon. Les roues de celui-ci sont calées.

Un ou deux hommes (2) sont placés au timon ou aux limonières, uniquement pour diriger le mouvement de la voiture ; d'autres sont répartis, suivant les besoins, au brin libre de la corde à chevaux, aux cales à manche et au frein. On ne doit pas se servir du sabot d'enrayage.

Les deux trains de voiture sont portés successivement sur la rampe par le nombre d'hommes nécessaire, le frein est serré autant que possible et la voiture est *descendue doucement* sur le sol toujours maintenue au moyen de la corde à chevaux, et, si c'est utile, des cales à manche. Elle est ensuite conduite à bras à une distance suffisante pour ne pas gêner le débarquement des autres voitures.

Il est interdit de descendre les voitures sans employer les cales et les cordes à chevaux, ou, à défaut de ces dernières, des prolonges ; on se sert des poulies chaque fois qu'on peut en disposer.

Dès qu'une voiture est débarquée, on l'attelle avec un seul attelage si les chevaux sont déjà à terre, et on l'emmène au lieu désigné pour le rassemblement de l'unité.

33. — *Débarquement des chevaux et des mulets.*

En principe, le débarquement des chevaux et mulets a lieu en même temps que celui du matériel (3). L'officier

---

(1) La poulie, au lieu d'être fixée à la voiture elle-même, peut l'être au truc du côté opposé à la rampe ; dans ce cas, la corde à chevaux est attachée directement à la voiture.

(2) Des sapeurs-conducteurs, quand c'est possible.

(3) Le débarquement des chevaux n'est fait après celui des voitures que :

1° Si la gare ne possède pas l'espace ou le nombre d'accessoires suffisants pour que les deux opérations puissent se faire simultanément ;

2° S'il est nécessaire de faire concourir les sapeurs-conducteurs au débarquement des voitures, le nombre des autres sapeurs étant insuffisant pour effectuer l'opération assez rapidement.

chargé de diriger cette opération, après s'être assuré que tous les hommes ont reconnu les vagons où sont leurs chevaux ou leurs mulets, leur fait déposer leurs armes et leur équipement et donne le signal du débarquement.

Les sapeurs se portent aussitôt aux vagons à chevaux dont ils ouvrent les portes.

Ils enlèvent les selles, les bissacs des sous-verges et les bâts s'il y a lieu, et vont les poser à terre sur un rang, en face des vagons, et en avant de l'emplacement où les chevaux doivent se former.

Deux hommes sont placés de chaque côté des ponts volants ou des rampes comme pour l'embarquement.

Si c'est nécessaire, on envoie dans chaque vagon à chevaux un sapeur à pied pour aider les conducteurs.

Il ne doit jamais y avoir à la fois plus de trois hommes dans un vagon.

On fait sortir ensuite les chevaux de chaque rang, après avoir retiré sucessivement les cordes-poitrail. Les chevaux sont immédiatement sellés. Le paquetage des chevaux de selle, des porteurs et des sous-verges est refait comme il est prescrit pour se rendre à la gare d'embarquement.

Quand tous les chevaux sont sellés et les harnais remis en place, l'officier chargé de leur débarquement fait monter les conducteurs à cheval et reprendre aux hommes à pied leurs armes et leur équipement. Les attelages de derrière sont dirigés sur le point de débarquement des voitures. Pour dégager le quai le plus tôt possible tous les autres chevaux sont emmenés sur la place d'attente qui a été désignée.

Si la formation comprend des mulets de bât, ceux-ci sont débarqués en même temps que les chevaux et immédiatement bâtés. S'il y a lieu, on les dirige en même temps que les attelages de derrière sur le point de débarquement du matériel pour remettre en place les chargements de bât.

34. — *Départ de la troupe.*

Avant le départ de la troupe les agents du train visitent les vagons avec un ou plusieurs sous-officiers désignés à cet effet et remettent à ces derniers les objets que les hommes pourraient y avoir oubliés.

Le commandant de la troupe fait remettre au commissaire militaire les agrès et accessoires utilisés pour le transport et pour le débarquement.

La troupe ne quitte la place d'attente pour gagner sa destination que lorsqu'elle a été rejointe par tous ses chevaux et toutes ses voitures.

Si la troupe est dans l'impossibilité d'emmener avec elle soit des chevaux blessés, soit des voitures brisées ou sans attelage, le commandant de l'unité les fait conduire sans retard, sur l'indication du commissaire militaire, dans des locaux requis à cet effet par le commandant d'armes, chargé d'en assurer la subsistance et la garde. En aucun cas, la troupe ne doit se rendre à son cantonnement avant d'avoir débarrassé complètement la gare ou le quai.

ÉQUIPAGES DE PONT.

HAQUET A BATEAU ENTRE DEUX CHARIOTS DE PARC.

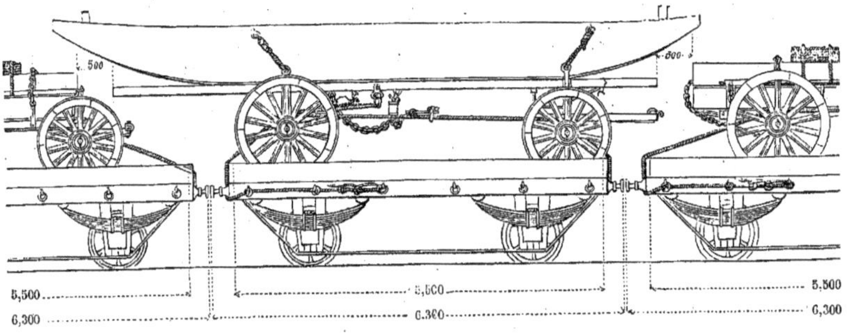

Type de dispositif d'exercice pour l'embarquement des chevaux.

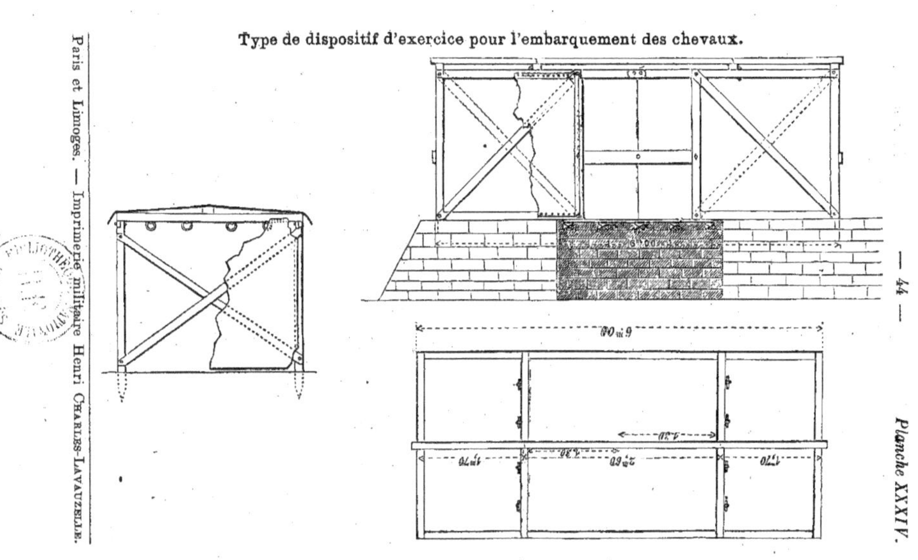

Planche XXXIV.

Librairie militaire Henri CHARLES-LAVAUZELLE
Paris et Limoges.

REFONTE DU BULLETIN OFFICIEL DU MINISTÈRE DE LA GUERRE

Instruction du 5 mai 1899 sur l'utilisation en temps de guerre des ressources du territoire national pour l'hospitalisation des malades et des blessés de l'armée. 338 pages, broché, *franco*, 3 fr. 75; relié toile, *franco* 4 75

Service dans les places de guerre et les villes ouvertes, suivi des annexes : Etat de siège, honneurs et préséances, cercles et bibliothèques militaires (à jour au 15 septembre 1898). 260 pages broché, *franco*, 2 fr. 25; relié toile, *franco* 3 25

Service des armées en campagne, suivi des droits au commandement : officiers français, officiers étrangers; de la déclaration signée à Saint-Pétersbourg à l'effet d'interdire l'usage de certains projectiles en temps de guerre. — *Prisonniers de guerre,* suivi du décret du 4 août 1811 concernant les prisonniers de guerre et otages. de la convention internationale de Genève et de l'instruction sur les historiques des corps de troupe. (A jour au 1er juin 1898.) 192 pages, avec modèles, broché, *franco*, 1 fr. 75; relié toile, *franco* 2 50

Règlement ministériel du 20 novembre 1889 sur l'organisation et le fonctionnement du service des étapes aux armées (à jour au 31 décembre 1898), 120 pages, broché. *franco*, 1 fr. 20; relié toile *franco* .. 2 »

Règlement du 25 novembre 1899 sur le service de santé de l'armée à l'intérieur.
Texte (à jour au 1er septembre 1898), 492 pages, broché, *franco*, 3 fr. 50; relié toile, *franco* 4 50

Service vétérinaire de l'armée (à jour au 15 août 1898). 428 pages, broché, *franco*, 3 fr. 50; relié toile, *franco* 4 50

Services divers :
Tome I (à jour au 1er novembre 1896). 324 pages, broché, *franco*, 2 fr. 25; relié toile, *franco* 3 25
Tome II (à jour au 1er janvier 1900). 136 pages, broché, *franco*, 1 fr. 25; rel. toile, *franco* .... 2 »

Hôtel des Invalides. (Edition conforme aux textes en vigueur à la date du 1er avril 1900.) 140 pages broché, *franco*, 1 fr. 25; relié toile, *franco*. 2 »

Situations d'effectif (modèles mis à jour jusqu'au 15 avril 1900). 94 pages, broché, *franco*, 2 fr. 50; relié toile, *franco* 3 50

Solde et revues (Décret du 29 mai 1890).
Texte (à jour au 1er mai 1899), 240 pages, broché, *franco*, 1 fr. 75; relié toile, *franco* 2 50
Modèles (à jour au 15 juin 1898). 408 pages, broché, *franco*, 3 fr. 50; relié toile, *franco* .... 5 »

Tarifs de solde. Décret du 27 décembre 1899 (à jour au 15 septembre 1896). 132 pages, broché, *franco*, 1 franc; relié toile, *franco* 1 75

Service des subsistances militaires. — **Notices** concernant l'exécution des différentes branches de ce service.
Tome Ier comprenant les notices nos 1 à 9 inclus. 640 pages, broché, *franco*, 5 francs; relié toile, *franco* 6 50
Tome II comprenant les notices nos 10 à 18 inclus. 768 pages, broché, *frc.*, 6 francs; relié toile, *franco* 7 50

Instruction du 22 août 1899, sur le service des subsistances militaires en campagne. 100 pages, broché, *franco*, 1 franc; relié toile, *franco* 1 50

Instruction du 22 août 1899 concernant les officiers d'approvisionnement. 148 pages, broché, *franco*, 1 fr. 25; relié toile, *franco* .... 2 »

Règlement du 9 juin 1896, sur l'organisation, le rôle et l'emploi des boulangeries de campagne. Instruction ministérielle du 9 juin 1876 pour leur fonctionnement technique. 116 pages, broché, *franco*, 1 franc; relié toile, *franco* 1 75